La soledad con miedo al desnudo

Ela Milito

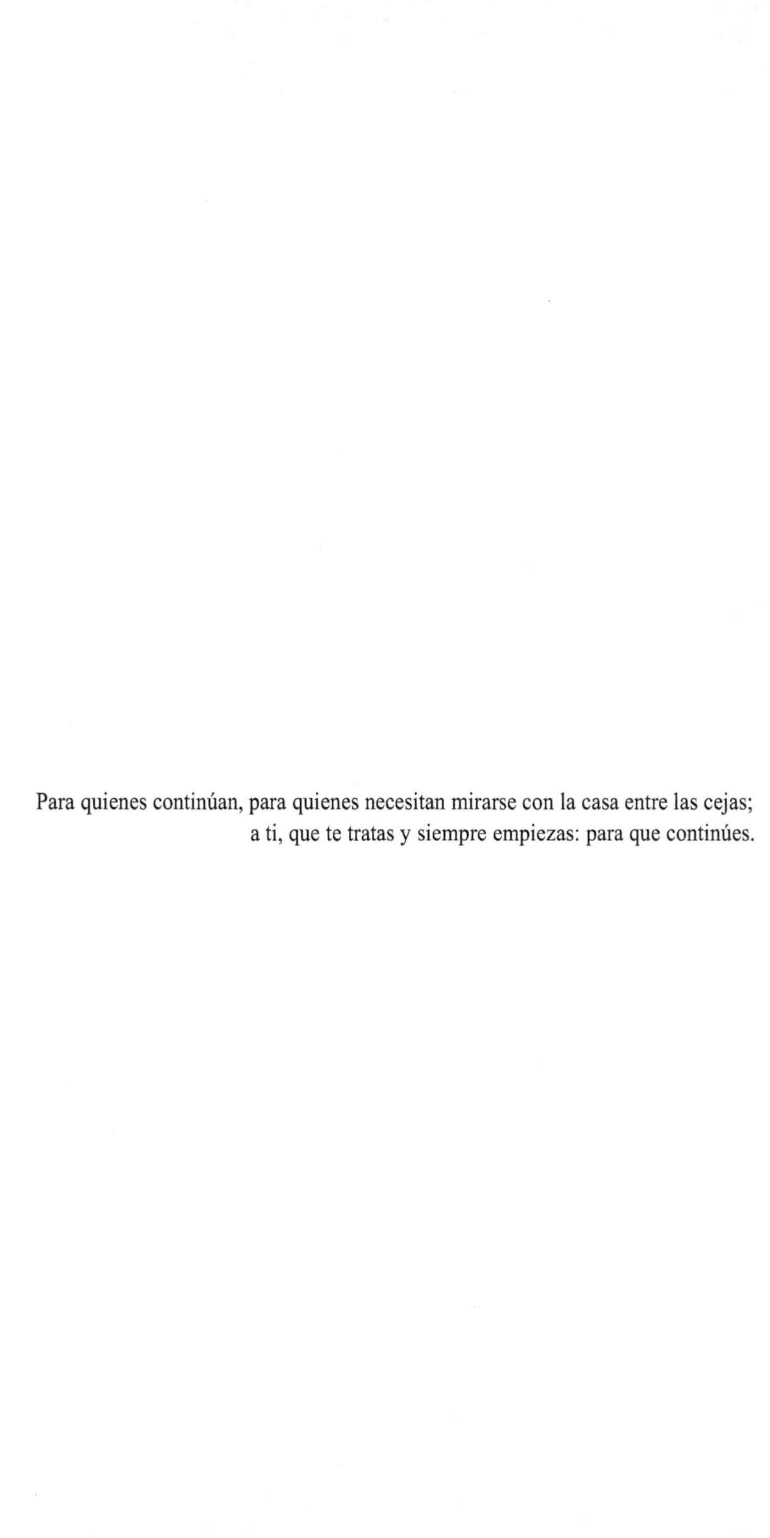

Para quienes continúan, para quienes necesitan mirarse con la casa entre las cejas;
a ti, que te tratas y siempre empiezas: para que continúes.

Índice

Agradecimientos

A mi hermano, que me repite que se puede.

A Juanse, por escuchar mis dudas.

A Pili, que me centra cuando no encuentro la claridad.

A Delfi, por ser una fuerza que me inspira.

A Lu, que cree, aunque sienta que yo no lo hago.

A Abi, Nat y Sole, por ser las primeras que me leyeron y seguir aquí.

A mi editora, Natalia Imperiali.

A Pablito, por ayudarme a lustrar la portada.

Para quien me lea: gracias por estar conmigo entre letras por un ratito.

Prólogo

Lo primero que me dijeron cuando decidí plasmar algunos de mis escritos o los que consideraba relevantes fue: "¡Ordénalos!"

Quise expresarlos en orden alfabético, pero ¿desde cuándo los sentimientos siguen una regla, una línea recta? En aquellas noches de insomnio, el lugar más caótico y desordenado era mi mente; de allí su delirio.

Sentí que, si los ordenaba, iban a carecer de sentido. Era como presenciar un huracán que emerge con furia y destreza, y que me dijeran, y que me dijeran: "¡Detenlo!". Los sentimientos poseen diversidad: diferentes matices, respuestas, orígenes. ¿Cómo los ubico en una misma simetría? Al contrario, ante tan diminuto espacio (mi cuerpo), se fueron acumulando y alimentando unos de otros, como una cadena recíproca. Cada vez más ancha; más espesa. El silencio fue interrumpido por los aullidos de algo rompiéndose; me estremeció, me sedujo. Y, cuando menos lo esperaba, me vi envuelta, presa.

Hasta que llegó un momento en el que todo eso adquirió un nombre: Soledad. Soledad que deja de ser sombra, se abre paso por mis huesos y deja un hueco. Lo que pensé que estaba completo estaba deshabitado. Todos los sentimientos que estaban guardados en un cofre, en un rincón al final de la mente, salieron de repente, entre lucha y cansancio. La luz los aturdió. Con un lápiz y un papel, la soledad con miedo al desnudo se despoja de las pieles que la abrigaron demasiado bien y deja entrever todas las heridas y las cicatrices. Lejos de sentirme indefensa, me observé. Me observo. Y el flujo de la conciencia me lleva al camino de la sanación de un cuerpo que se olvidó de las caricias. De un cuerpo que, luego de tanto tiempo, brotó: dejando de lado la aflicción, la injuria; quedando al desnudo.

La soledad no es la falta de algo,
es la presencia de un todo.

Insomnio

No me digas cómo caminar bajo la lluvia si vivo en mi propia tormenta.
No me digas que use paraguas cuando las gotas de agua desbordan de mis ojos desde las penumbras.

13

Deseos fantasmales

Quiero irme esta noche,
dejar de trazar líneas al futuro,
perder el rumbo en el instante en el que mis ojos
brillan bajo la tenue luz de la noche;
deseando desafiar a los dioses por tal osadía de querer
pintar mi camino.

Absurdos los barrancos de mi memoria,
el tiempo vuela donde,
por lustros,
sigo buscando dónde mi ser se halla;
donde todo lo que he querido aún no se ha corrompido.

Deseando escapar de mi realidad
por tan solo un segundo.

Partiendo lejos

Me hastío de ver los aviones pasar,
echando vuelo hacia el ocaso,
y yo esperando que alguien me detenga,
que alguien note mi ausencia.

Tardía pena que llega,
con el pesar de la presencia de la gente que amo,
reconociendo,
 entre el llanto del cielo junto a su relámpago,
que siempre me até a mí misma a temblores fugaces,
insistiendo en convertirlos en eternos.

Junto a la inquietud,
lamiendo el néctar de las impuras flores con sabor a dolencia
y convulsión,
cierro la puerta que me une a lo que fui.

Como fantasma me subo al vuelo y dejo el ensañamiento de
un mundo que nunca me perteneció.

No quería fingir más,
no cuando mi interior estaba en ruinas.

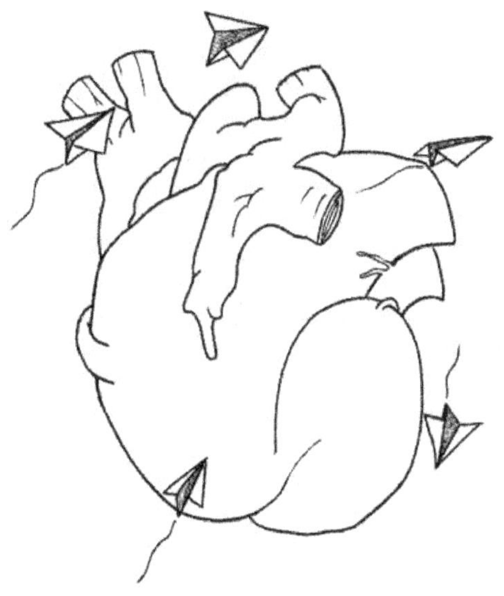

Algunas veces, cuando quieras borrar la mancha de tu boceto, esta se irá con el tiempo, luego de intentar con esmero su desvanecimiento. Lo lograrás y podrás pintar lo que tus manos quieran exponer. Aun así, cuando hayas terminado, sabrás que alguna vez estuvo allí por el esfuerzo del seguir.

Eso mismo pasa con las personas: cuando uno quiere olvidarlas porque te han hecho daño, con el mover del tiempo, conseguirás apartar tu foco de atención de ellas y todo transcurrirá con normalidad. Pero, en algún punto, han dejado una huella. Te han enseñado, porque ningún encuentro es por casualidad, y entenderás que, sin dolor, no hay felicidad.

Extraña contradicción y cohesión de la realidad.

Sé que no estarás allí

¿Qué harías si en el frenesí, en cada grano de arena que cae,
me arrastrara con ella?
¿Qué harías si olvidara quién eres en el intento de
reconocerme?
¿Qué harías si mi cuerpo, en el asfalto, roto en pedazos
estuviera?
¿Los recogerías por mí? ¿Lo harías si sumergida en el
desacierto estuviera?
Desazón emocional, como prisión me encuadro en los fríos
azulejos, en la vacía visión.

Sé que no estarías allí,
porque sola estoy, sola
me siento.

Mis alas tengo que pegarlas con lamidas de mi alma porque,
con mis uñas partidas, trato de levantarme con la fuerza
mental, intentando protegerme de los golpes que yo misma
me di.

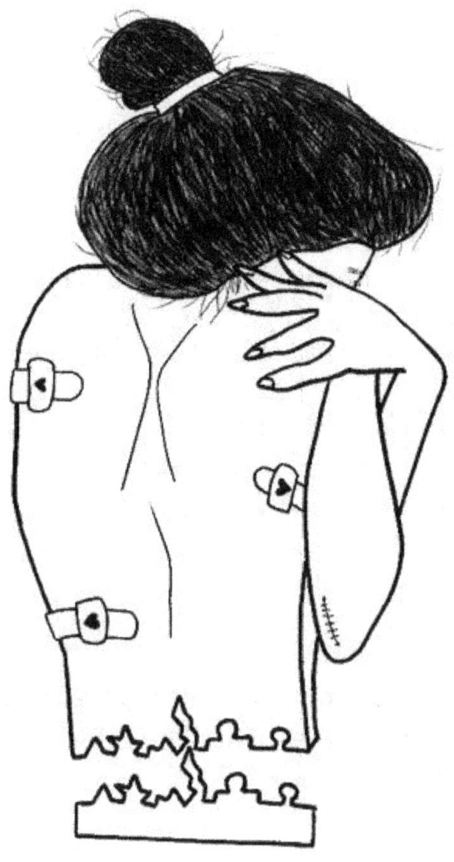

Palabras mudas

Nadie me ha dicho cómo desprenderme de este hormigueo
que recorre mi cuerpo y electriza y polvoriza mis sentimientos
e impide que estos vuelen con libre albedrío.

Ya nadie enseña,
pero todos miran.

Escondo mi cuerpo en prendas grandes para evitar que se
visibilicen mis defectos;
quiero gritar que busquen sentido a su
vida,
pero,
sin embargo,
callo,
guardo,
colecto,
junto piedras que no son
mías.

Las cargo en mis hombros y sigo mi camino. Miro al suelo,
esperando que nadie note mi existencia. Evito las voces de los
hombres que silban y dicen porquerías. Trago la angustia y la
convierto en hielo para no caer en el lodo de mentiras.
Irónicamente, soy un muro que ven cómo va cayendo e,
impacientes por el último impacto, sacan las cámaras para
recordarlo.

El vértigo no debería estar presente antes de caer al vacío,
debería adoptar el sudor cuando nos quedamos de pie.

Debería aparecer cuando,
por terror a lo incierto,
quedamos sumergidos en el momento,
sabiendo que nada ni nadie llegará a salvarnos.

21

Por más que lo evitemos a veces,
sin pensarlo,
lastimamos por miedo a salir heridos.

Algunos estamos destinados a perdernos en búsqueda de las estructuras que nos faltan.

23

Incluso cuando la soga apriete los pulmones y no haya
nadie para aliviar la presión: córtala con esperanza,
sueños.

El estallido de las oportunidades brotará de tu garganta, no
necesitarás ninguna mano para liberarte.

Trenes que se pierden

Ni la vestidura más flamante
podía abrasar el torrencial diluvio de nieve que existía en mi
mente.

En otra vida,
deseaba ser valiente,
 sin percatarme de que tenía una para serlo y tejerlo.

Y sentada en el augurio veía pasar el tiempo,
como si mis oportunidades no se fueran en ello.

Pétalos entre el vuelo y la caída

No es fácil
desinhibirte de lo que te hace propio.

No es fácil
decir adiós cuando el corazón quiere entregarse por
completo.

No es fácil
olvidar cuando los recuerdos persiguen,
insisten y
desvisten.

No es fácil
callar por miedo a hablar,
sabiendo que lo que no se dice perfora tu alma
y en lava se baña; te deja sin
aliento, presiona tus hombros.

No es fácil
¿o tal vez sí lo es?

¿Quién sabe?
Si cada ser vive en su propia condena,
su propio martirio.

¿Quién sabe?
Podría darte un millón de consejos,
los escucharías,
lo tomarías,
pero,
al final de cuentas,
la valentía se la lleva el viento,
y la cobardía aflora
junto al despecho.

Dejas un jarrón de plantas marchitas que,
en busca de la luz del sol,
ansias,
en velo,
respiran.

No sé cómo lidiar con este tipo de dolor.

No es aquel
que presiona,
llora,
 araña.

Es aquel que
sabes que está presente pero no vigente; es esa
sensación de saber que nada ha cambiado: el
dolor ya no es dolor,
 es un peldaño
  vacío
      que perfora tu pecho.

Su grito es
invisible,
es fantasma;
hace ruido cuando duermo.
No está al
alcance,
sí atormenta.

Contratiempo

La mente aumenta la posibilidad de crecimiento del
desastre natural en nuestro interior;
toma el lugar de la paz,
la convierte en guerra.

¿Qué peor lucha que aquella que conoce todas tus
debilidades?
A quién culpar, ¿no?
Si le damos vida desde nuestros pensamientos.

No saber cómo arreglarse duele más
que poner el mundo al revés y
no encontrarte.

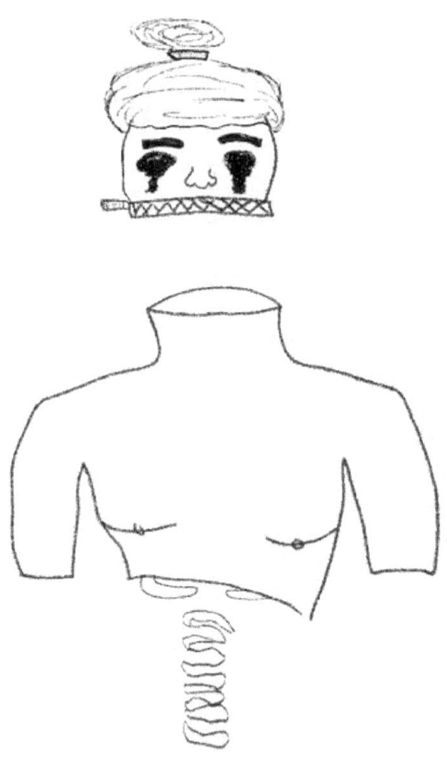

No es la jaula la que impide al pájaro volar:
es él mismo, que ha mordido sus alas.

Teatro

No se tendría que ir por la vida fingiendo estar bien. Deberíamos arrancar todos los carteles de publicidad con grandes sonrisas y decirles que uno las usas tanto que se convierten en decorado. ¿Qué hay de malo en mostrar lo que uno lleva dentro? Si quieres llorar, hazlo. Si quieres estar triste, reír, simplemente hazlo. Transformaron la forma de expresión en un acto de debilidad, cuando no es más que un manifiesto del arte propio del ser. Nos enseñaron a vivir actuando, deslizándonos en un escenario de ficción. Los después son inadvertidos, una alerta sin origen: luego de la obra, tenemos que sacarnos las máscaras, porque, si no, pueden quedar fundidas en nuestra tez.

32

Se esconden más los que salen heridos por miedo al rechazo que los que hieren al paso.

Verano de corazones
rotos
e
ilusiones

Me planté delante de la llama
proveniente de la vela y,
cuando
pedí un deseo,
sólo te pedí a ti.

Todo lo que huelo tiene el aroma del olvidar,
las vueltas de tuerca ya no poseen movilidad,
los globos ya no alzan vuelo.

Los ataques de risa se quedan atascados en la bruma
de la duda.
Tengo miedo;
miedo de que el huracán de sentimientos que susurran tu
nombre
se detenga por
completo.

Quise entregar mis labios,
pero poseen historia; huellas del
pasar tu lengua por ellos.

El hambre se desmaya:
despertaré cuando se encuentre
mi aliento con el tuyo.

Quise acobijar tus sentidos,
acoplar las líneas que forman tus labios con el vaivén de los
míos.

Esperar que la noche reaparezca
para que no embargue las penas,
revivir alegrías,
liberar tensiones en elocuentes carcajadas.

Una mirada,
la falta de aire,
quería un momento con tu existencia
para convertir mi realidad en un sonambulismo despierto.

Insuficiente dosis de corazones

Mi forma de querer era auténtica. Era extraña.
¿Cómo explicar que desprendía amor por cada poro de mi
piel, y,
 sin embargo, mi boca no formulaba palabra? ¿Cómo
explicar que mi sinónimo de amor no implicaba solo
besos, pero sí implicaba una fuga de despechos?

Quería,
amaba,
pero luego desechaba.

¿Cómo amar intensamente si mi alma se comportaba como
huérfana?
Tal vez,
 por eso,
 luego olvidaba;
 porque todo lo que entraba siempre era de pasada.

Tal vez,
no amaba completamente
porque reemplazaba las piezas.

En mi mente

Entre palabras mal dichas y cariños encogidos,
señalo la puerta para que sigas tu camino.

Así era conmigo, no había
puertas entreabiertas.

No había necesidad de disculparnos
si nuestros roles habían terminado.

Solo sigamos como si el mundo nunca nos hubiera hecho
cruzarnos,
como si en ningún momento hubiéramos estado
conectados;
como si nuestro castillo no hubiese colapsado.

*

Soy más agua que saquito de té;
 no he dormido de nuevo.

*

Pienso que la soledad es el juanete de la felicidad: me
deformo para sentir mi propia piel.

Prohibido olvidar

Una vez me preguntaste qué haría con tu recuerdo. En efecto, me habría aferrado con todo mi ser, aunque saliera perdiendo en el intento. Hasta que, con el paso del tiempo, me habría dado cuenta de que me estaba amarrando a un barco a la deriva, lejos de la orilla.

Me aferré al recuerdo de tus párpados, mientras que, en el intento de salvarte, robaste mi salvavidas.

Ojos que arrastran

Cómo explicar que caí a tus pies en el vaivén de tus palabras; como las olas que arrastran y vuelven, te busqué en cada rincón de mi enloquecer, como un náufrago buscando la luz tenue del amanecer.

¿Quién hubiera dicho…

        …que mi cuerpo iba a extrañar

el calor de tus manos?

¿Quién hubiera dicho…

        …que iba a pecar por la sonrisa

del diablo?

¿Quién hubiera dicho…

        …que el amor no era suficiente

para los dos e, inevitablemente, uno entumecía?

¿Quién hubiera dicho…

        …que envejecería por falta de tu

mecer?

Heridas que pasan

El eco de tu voz retumba con ardor en mi mente,
como si las garras de un león se torcieran con fervor entre los
peldaños de arena de mi corazón.
 Me desangro
                    en la lluvia incipiente de estrellas;
     encuentro una brújula que me guía indeciblemente.

La paz transfigura el miedo en cordura. Porque sí, dolía. Había
tendido mi mano y me habías arrebatado el brazo; me lo
devolviste calcinado. De cualquier modo, sabía que el amor
dolía sólo cuando estaba lleno de permisos, pero no liquidaba.

El lazo se rompe, pero eso no significa que no lo puedas
establecer con otras personas. Eso pasa cuando uno ama y la
otra persona lastima: te cierras. Te recriminas no haber abierto
los ojos a tiempo.
No es tu culpa.
No es culpa de nadie.

Hay personas que no están hechas para la otra, sin importar
cuantas veces queramos arreglar el patrón.

 No puedes unir partes disparejas porque, tarde o temprano,
en su intento de encajar, se rompen.

Alguien se pierde por haber sido
dado por perdido.

*

Una voz es la madrugada
y voces madrugan en la memoria.

Lo que no sucedió

Cómo saber
si lo hubiéramos sido todo
cuando el miedo acechaba mientras tus labios
besaba.

Dos personas que no se complementaban,
la pureza corrompida
por demonios que luchaban para salir a flote
en un mar de reproches.

Incertidumbres atascadas en el flujo del agua;
no busqué tus ojos
para sentirme a salvo, busqué una victoria antes de
participar.

Incólume,
caigo en cuenta
de que nunca sucedió
lo nuestro.

Solo fue un mal sueño
con el que tú te arropabas.

Sabores amargos

Tus labios formulan una fila de rosas
que me anochecen.

Rota estoy, no puedes
arreglarme.

Aun así,
nadaste contra las mareas desveladas que yo misma
creé.

Pudiste reconocerme, incluso cuando ni
yo podía verme.

Qué difícil es el amor
cuando te aman, te acarician,
te envuelven,
y encadenada a tus miedos te encuentras.

La insuficiencia y el dolor presionan el pecho e impiden
dejar
entrar.

Sin nada que ofrecer,
amas por los dos cuando yo me pierdo en el abismo.
Por eso,
te dejo ir,

sin fuerzas, porque lastimo.

Algún día me dejarás de todas maneras
    y te darás cuenta
        de que no puedes encaminar un alma que en el
laberinto encuentra
su confort.

Y verás
que el propio enemigo del ser humano
es su propia realidad
y no la de los demás.

Inhalares tóxicos

Vicios destructivos
y el sabor de tu boca;
el ignorar que nuestro amor desarma.

Laguna mental, un hilo invisible nos une
a través de los extremos de un temible
puente que nos separa.

El saber que debemos alejarnos
nos atrae con ímpetu,
como dos imanes opuestos que no pueden evitar colapsar.

El imaginar
un mundo paralelo,
donde nos merecemos,
nos anhelamos,
nos tocamos.

Una codependencia mental que no se romperá, se instala
como ancla a la orilla de la infinidad.

Absurdo adherirse
a un vendaval difícil de frenar.

Pero,
mientras sea contigo,
aguantaré un poco más;
para no sentir el martirio que provocaría
saltar sin paracaídas desde un precipicio
cuando tú no me esperas al final.

50

El silencio está sobrevalorado.
Quizás,
no es por falta de palabra,
es por muchedumbre de sentimientos
; por la ausencia del viviente.

51

La espera no es más que un puñado de expectativas.

No puedo explicar el porqué
de perder tantas pestañas
al esperarte despierta dentro de mis ojos.

52

Una vez leí que siempre regresábamos al lugar donde fuimos
felices.

En realidad,
se vuelve al lugar que se conoce de memoria,
sólo por pura costumbre de alejarnos por miedo al cambio.

El dolor es más duradero, puede permanecer por mucho tiempo; es lo único que permanece ingenuo cuando nada lo es.

La felicidad dura lo mismo que el destello de los rayos del sol antes de irse para darle paso a la luna; domina mi cuerpo como los años amamantan al recuerdo.

Haz que no continúe en el filo

de la flor,
los pétalos empiezan
a rescatarse entre sí.

Refugio

Tengo un lugar alojado en mi memoria que ocasiona
el despertar de mariposas.

Tengo un lugar
donde puedo oler tu aroma.

Tengo un lugar
donde florecen las semillas de tu boca.

Tengo un lugar
donde renace el fuego en hielo.

Tengo un lugar
donde el soplar del viento atrae los bocetos de nuestro amor
descontento.

Tengo un lugar
que es un lobo,
te aseguro que sus garras son las camas.

Nuevas devoluciones

La rutina se enmohece,
se antepone el deber,
nos despojamos de nuestro querer.

Se les teme a los monstruos bajo la cama
y no a los abrazos embrutecidos.

Se fortalecen las malezas,
 y se extirpan los girasoles,
  los "te amo" se entrevén en diálogos rápidos
que se transfiguran desde la pantalla de un celular.

Ya no se miran los ojos,
ya no quieren de la misma manera.
¿Cómo hacerlo si todo conlleva palabras repetidas y mentiras
bien diagramadas?

La humedad es la protagonista de mis piezas.
 El fin de la nada
        será lo que somos entre el momento y la
búsqueda.

Tengo la impresión de que sólo salgo
cuando mis acciones se desorbitan.

Eres como el peor de los vicios:
lo difícil no es dejarte,
es la ansiedad de volver a necesitarte.
Así me siento con respecto a tus labios.

Primer amor

Oh, ¡el primer amor!, ese que pensamos que durará para
siempre.

Busco en la memoria
 y te encuentro allí, sentado;
esperando.

He apagado todo sentimiento hacia ti,
pero siento que una parte de mí
embalsamaste.

Emergen aquellas tardes
en las que bastaba con mirarte
para alegrar mi día.

Aquellas en que el deseo de gritar de emoción quedaba
atascado,
entre besos y abrazos,
ojos en blanco; preguntándome:

"¿En qué momento esta locura se había cerrado?".

Tu risa,
resonante y asonante,
aireaba y se colaba bajo mi piel.

Extraño afán
de no soltarte.

¡Qué embelesada me tenías!,
pensando las maneras
de poder decir "te amo".

Ardías y helabas mi corazón,
no quería decir "adiós",
no cuando mi sonrisa aún estaba conquistada.

Promesas que volaron
            y nunca regresaron.

Te ibas sin mirar,
sin mirar delante de nosotros.

No quería
            recordarte,
quería retenerte por unos minutos más
para preguntarte qué habíamos hecho mal.

El amor reflejado en nuestras fotos me devolvía una
luz amarga,
y me pregunto dónde quedó todo eso,
en qué momento,
 suponiendo que se fue junto a las ajugas del reloj,
que no me avisó que era tiempo de volar.

¿Cómo era posible que despertaras una parte de mí que
creía muda?
¿Cómo es posible que remuevas, sin siquiera intentarlo,
antiguos recuerdos?
 Porque aún seguía de pie
y tú me respondías la mirada;

mis pies,
estáticos,
debatiéndose en la duda de
si ir a tu encuentro o salir corriendo.

Esa era la sensación que azotó al primer amor,
la de querer volver, sin querer,
porque fue parte de tu vida alguna vez.

Era el cariño,
el cómo solía ser cuando estaba contigo,
era el mismo recuerdo recordándose que
se incrustaba en la sien,
el que nos hacía extrañar las sumas.

Fuiste, pero no eres, y
eso presente lo tengo.

Fervientemente,
creía que los recuerdos y su sentimiento eran los que nos
sacudían,
queriendo retener algo que ya se ha marchado.

¡Maldito amor!
¡Maldito recuerdo!
¡Malditas las maneras en que te dije "te quiero",
que me frenan con alguien nuevo!

Malditos los centenares de estrellas que,
junto a la luna,
acuden a tu descolgar
mientras intento crear nuevos
días.

Cuántas cosas doy por dialogadas
para no hablarlas.

No buscarte,
no
buscarme.

No se trata de encontrar la llave correcta,
sino la cerradura imperfecta.

62

Si estoy aterrada por el terror,
dime,
detrás de todo:
¿las alas son porque vuelan o porque saben caer?

63

¿Por qué esa necesidad extraña de alojar,
cuidar,
aferrarse
a alguien que nunca miró por nuestro bienestar?

Ausencias que desgarran

Cuando era pequeña
soñaba con el a(mar) de alguien
más, olvidando que los cuentos de
hadas
se cumplían en las películas y
no en la vida real;
que lo primero era amar mi
tempestad.

Me gustaría haberme dicho:
"¡Despierta!,
que el tiempo se está yendo,
perdónate por fallarte antes que lo arrastres como pez en la
marea; deja de buscarte defectos, si todos los poseemos".

Me gustaría haberme dicho:
"¡Deja de llorar cuando la gente se aleja, si eres tú la que no
se voltea!".

Me gustaría haberme dicho:
"¡Sonríe más!
¡Equivócate!
Ama cada curva imperfecta de tu cuerpo,
mójate el rostro y cómete el mundo".

Me gustaría haberme dicho:
   "… el cambio empieza con uno y, cuando no lo haces,
te persigue como fantasma en pena;
   un monstruo que te sostiene".

Me gustaría haberme dicho:
   "… no te sientes en la punta de las reglas mientras que
el viento acaricia tu rostro, si no,
   la calma perdurará;
                     te volverá loca".

No por actuar con los ojos cerrados
las cosas cambiarán de lugar.

Me gustaría haberme gritado y,
a su vez,
guardado silencio,
guardando respeto,
por aquellas veces que intercambié lugar con la bolsa de
boxeo;
cuando la sangre se secó mientras me mantuve de pie.

Me hubiese dicho:
"¡Llora!
No dejas de ser fuerte por dejar salir las penas".

Porque he encendido la música dormida y no he bailado.
¿Por qué no me he amado?
Si lo tenía todo
y ahora en fuego aplacado he
quedado.

Me hubiese querido decir:
"¡Oh, el mundo no deja de girar por más que se pierda en el
espacio y llore meteoritos de vez en cuando!".

Fuga de estrellas

No me advirtió que
su risa quedaría atrapada en mi burbuja
de cristal.

No me advirtió que
los momentos se convertirían en destellos.

No me advirtió que
la desaparición de las estrellas fugaces en la gravedad era
gradual.

Como el áspero desierto
en busca de sed de ti me
encuentro.

No me advirtió que la desilusión
venía acompañada con la excitación de su
andar.

No me advirtió que
nuestro amor
era como la fuga de dos estrellas:
marchaban en distinta dirección.

Era ilógico arrancar pétalos de rosas para saber si tu libertad
bajaba a quererme.

Era ilógico que,
en las noches pendiente de las
conversaciones,
suspirara entre sábanas.

Era ilógico
que fueras la primera persona con la que quisiera
despertar cuando el himno de la negrura me tocara los
pies;
el lenguaje.

¿Esto es el amor?
¿Sonreír con un mensaje?
¿Pensarte cada hora?
¿Reproducir tu voz en mi mente para acallar mis miedos que
permanecen?
¿Esto es el amor?
¿Entregarse completamente? ¿O caímos en el error de pensar
que el amor era acogedor, junto a la posesión que se ocultaba
bajo la protección?

Yo no

¿Quién no es esclavo de
algo?
De una sonrisa,
de un abrazo,
de unos ojos.

¿Quién no ha dado todo
y ha perdido lo propio?
¿Quién no ha llorado cuando su piel embargaba el sosiego?
¿Quién no se quedó cuando las cosas se rompían en dos?
¿Quién no calló cuando las palabras solas querían alzar
vuelo?

En cambio,
dirán —como yo—
que lo han superado
todo.

La verdad palpita con ferocidad
en nuestro interior,
aunque no se escuchen las campanas de nuestra voz,
siempre habrá algo que nos cante lo que no hemos dejado ir.

Irónico
pensar que damos
e inconscientemente esperamos que nos amen

con la
misma intensidad.

porque algunos sentimientos se aferran a tu alma y se
manifiestan en tus palabras.

Por donde vas tú
por donde voy yo

        se arquean como un ahogo al aire,
como una piedra sobresaliente,
los soles que nos regalamos.

Cuando te creas morir,
   dale un jardín.

Los sonidos permanecen sueltos cuando alguien le da al
animal —criatura— una cueva sin techo.

Esgrima entre deslealtades

He visto cómo el dolor mimaba al suelo:
golpe
tras
golpe.

Mis pensamientos atados a las puntas de la cama;
    rehén de su interior.

El vidrio se abrió
e hizo partícipe a la luz,
resplandeciendo:
mitad abatida;
mitad tranquila.

El miedo se unió con el dolor,
 fueron pungentes:
                ¿qué vas a hacerme?

Del conducto de mi garganta
empezó a ascender un hormigueo,
cuerpos
pequeños llevándose por
delante su debate:

                            ansiosos,
                            furiosos,

se abrieron a mi boca con
su "O" en mayúscula que
indicaba su libertad;
sucedió.

Las piernas de las arañas:
rugosas
rellenas de impotencia y rabia;
mezcladas con la seducción.
Llegaron.

No las vi,
las escuché explotando en fuegos
artificiales;
la incertidumbre que juntan las aduanas de
las dudas.

Se hicieron oír tan fuerte
que la noche las confundió con un
aullido,
el dolor con una risa,
y las estrellas se sintieron pequeñas.

Líneas desviadas

Ella (yo) es el tipo de chica que llora cuando nadie la ve;
nudos en su garganta,
su voz en su mente no calla.

Y allí estas tú,
viéndola romperse.

Te quedas o te vas,
no tomes mucho tiempo de su tranquilidad.

Si quieres tomarle la mano,
si quieres sostenerla cuando cae,
si quieres reconstruirla:
quédate con ella,
porque al final valdrá la pena.

Sólo llámala por su nombre
 y reconócela cuando ella no pueda.

Con el tiempo sanará, no la protejas,
ella tiene armadura.

Está dañada,
necesita tiempo para recuperar lo que le fue arrebatado.

Creerás que no te quiere,
 pensarás que no tiene sentimientos.

La realidad es que sí,
los tiene;
pero cuando los expresó,
amortiguaron el sonido de su voz.

Si quieres estar con ella,
si la amas,
 trata de entender que hay heridas que permanecen y otras
desaparecen.

Incluso las heridas están hechas de piel,
abierta;
piel al fin.

Trata de entender que
el huracán de emociones
deja acertijos por resolver.

Hazle saber que no importa el tiempo,
cuando esté lista para volver,
tú seguirás de pie latiendo por ella (yo).

Última carta

Dejo que las palabras emerjan de mi mente para decirte todo
aquello que no supe decirte cuando tú te fuiste.

Debí entender que,
con el tiempo,
todo se va
y algunas personas vuelven de otra forma.

Lo entendí de golpe y fríamente,
cuando dejaste de contestar mi llamado,
cuando el árbol que plantamos dejó de crecer,
cuando el futuro se me escapó de las manos,
cuando el cielo no dejaba de relampaguear.

Quise odiarte,
pero no pude,
sabiendo que tu corazón dañé por no saber qué querer.

Tu perfume se marchó
contigo
de mi cama;
se marchitó en la almohada.

Me aferraría a tu recuerdo y culparía al mundo por eso,
pero estaría desmintiendo que la verdadera razón
por la cual te marchaste

fue por mí en ti.

Me negaba con dolor a culpar al tiempo
por mi falta de atención.

Cariño,
he caído tardíamente
en cuenta de que te amo con locura.

Quizás sea la primera y última carta que te escribo;
el destino es testigo de mi escritura.

He aprendido:
a no vaciarme cuando siento,
a no culpar por mis decisiones,
a perdonar el abandono
cuando no he dado razón para que te quedes.

Y por eso,
por último, expreso:
ama salvajemente, no dejes de buscarte cuando estés
esperando a alguien más.

Hazte valer
y deja que te quieran,
como yo no pude demostrártelo.

Y le agradezco a la luna por iluminarte y abrigarte
aquellas noches que me he sepultado.

Con cariño,
tu alma que no pudo ser.

Contradicciones

Hablemos de querer y odiar,
de depender y soltar,
 de la soledad y el complementar.

No puedo hablar del amor en general,
si los sentimientos son más contradictorios que el clima
otoñal.

Puedo expresar las veces que amé
y fui correspondida,
de aquellos amores que me llenaron hasta entender que tenía
que amarme a mí misma;
pintaría un mundo donde no fuera yo la que me daña ni
tampoco los brazos que me sostienen.

Podría gritar que no dependí de nadie,
pero es inaudito,
no cuando cada persona que amé me trajo algo de sí.

No podía escribir
que había amado y,
ahora,
ya no lo hago;
el sentimiento es un
estado provisorio.

No,
había cosas que no podía evitar,
como las veces que di y no recibí,
las veces que no di,
pero recibí,
las veces que lloré con el corazón desbocado
y aquellas que me fui sin corazón.

Porque he fallado,
y me han fallado,
aquí
 el
amor,
 la ilusión, el idolatrar a uno mismo y a los demás nos
dañaba más que el daño que hacíamos sin querer, pero, a
su vez, desarmando.

Igual, qué podía decir yo,
si era una casa en construcción buscando sus ladrillos para
cambiar cada rincón de lo que alguna vez fui y todavía no he
sido.

79

Quizás sí estábamos destinados a una sola persona, pero,
con anterioridad,
teníamos que reconciliarnos con nosotros mismos.

Las sábanas
  ya no envuelven,
extrañan tu aroma.

La rutina se vuelve
                    jauría
                    en busca de tu refugio y
        la aflicción se disfraza en
                sinfonías
            de tu   risa.

Desalineaste el tiempo,
 la línea del presente aún se encuentra
mirándote:
A ti,
a tu sombra del pasado.

81

Te veo partir.
Las hojas de los árboles se desprenden antes de tiempo,
y no puedo hacer otra cosa que dejarte ir.

El viento azota,
                    seduce
          el gélido aliento,
y me lleva junto con la brisa de aquella noche
lejos de tu silueta.

Lo más doloroso fue
sentir que,
detrás de ti,
mi sombra te siguió los pasos.

Del otro lado

Entre tanta gente,
tanto bullicio,
conectamos miradas,
      d
      e
      s
      a
      r
       m
        a
         n
          do añoranzas.
Mis manos tiritan por tu roce.
Lo esencial deja de ser relativo.
 Estás tan cerca
   y siento que nos separa una ciudad entera.

Ciegos con capacidad de ver

Sé que te sigo buscando, te sigo husmeando en los cafés matutinos, en las asépticas noches; en las pantallas del amanecer.

Siempre busco inevitablemente y el asiento vacío indica que tu lugar es en otro sitio, en otros brotes. ¿Cómo lo efímero se vistió de infinito?

Hay días horrendos en que la luz no ilumina, los pájaros no cantan y piedras caen del cielo.

Hay otros en que todo me es ajeno, el cronómetro mide los minutos que paso mirando el techo.

Otros, nulos, quiero seguir hacia adelante, olvidar el yacimiento de tu ausencia, cesar las madrugadas porque lastiman. Lastiman las veces que nos decimos adiós y luego regresamos a la misma partida de siempre.

Esa minúscula valentía, o podemos llamarlo estupidez, de cometer el mismo error una y otra vez. No logro conciliar el sueño, la razón se ve atropellada por la alucinación de los goces de nuestra piel cuando cavan entre sí.

La oscuridad es nuestro testigo de tal inoportuna decisión.

Quisiera purificar, purificar nuestra pasión para poder estimar a alguien que no seas tú.

Sin embargo, por inercia, siempre volvemos al inicio de esta locura.

Tú siempre
te vas;

yo siempre me
voy.

La espera es otra forma de abandonarse. Es otro condicional
con el que se viste la soledad para no pensar en el devenir del
otro en otra historia.

Sé que te sigo buscando,
no a ti en específico,
        es el personaje que ejercías en mi historia,
     es estar en un espacio que no estás.

Anubarradas
mareas y heridas
con sabor a sal

Sin mirar atrás

Gritar para encontrar mi voz.

Necesito un abrazo, uno que pegue todos mis pedazos, porque me he hartado de aparentar ser fuerte mientras intento recomponerme en un mar de estragos. Necesito un soplo de aire fresco para que murmure: "Te recogeré cuando caigas al suelo". Necesito que escuchen mis palabras entrecortadas y que su presencia desprenda conciencia, porque he extraviado la cordura.

No está mal mostrar debilidad, no cuando el tiempo envejece y el cristal se mece. No está mal mostrar debilidad, sacarlo todo afuera, incluso, que el malestar se marche en forma de agua, como cascadas, y empape tu rostro. No está mal mojarse un poco, si a pesar de los días lluviosos, detrás se esconde el sol.

No está mal. Y no puedo, ya no quiero, alejarme de brazos que quieren protegerme y, por miedo, los escondo dentro de mi pecho. Miro adónde he llegado por haber guardado, y veo las tantas veces que he explotado sin poder contarlas con los dedos de las manos. Veces que sólo resbalaba, resbalaba.

Y digo esto porque hoy ha llegado el día en que por fin puedo ver la realidad, sin distorsiones, sin mentiras. Estoy en mi funeral; el de mi yo cercano. Me es imposible no expresarme de esta forma, aquí con una luz tenue que ilumina las próximas letras que decida descubrir en estas hojas, sin notar que pongo mi corazón en ellas. Mi mente trata de hacerme sentir culpable por no haberme despedido cuando tuve la oportunidad bailando en mis narices, porque lo único que me mantenía lúcida era un lápiz y un papel.

Aquí y ahora. Quiero liberar todo lo que emerge como lava en plena erupción, incluso sin quemar.

¿Podía reponerme de eso?

De la ausencia y la falta de palabras;

de silencios espesos y su frío despecho.

Mi reflejo refleja mis espejos y escucho a lo lejos el llanto desconsolado de mis madres, mientras que mis hermanos tratan de calmarlas. Suena hasta como una balada. El sonido se va amortiguando a medida que las agujas del reloj marcan el pasar de lo mundano, queriendo creer que lo que ha callado es su pulso y no su llanto.

Me sigo cayendo del cielo y este no para de guiarme. Llega a tal punto que la cuerda floja en la que caminas se rompe y da paso a ese pequeño lapso en el que te conectas contigo mismo y caes en cuenta de que el hecho ha pasado. Te has dejado pasar. Luego el mecanismo de defensa se disfraza para contar cuántos cráteres ves y cuántos fondos en blanco puedes llegar a ser.

Miro mi reflejo de nuevo y sigo reflejando. Y quiero aferrarme a la idea de que no he perdido la capacidad de expresarme porque todavía no he percibido, pero mi corazón emigra. El desierto de mi mente se ve colapsado por mareas de preguntas sin respuesta que circulan por mis venas, convierten mi cuerpo en piedra. Sin embargo, arraigo, me aferro a mis semillas y las hago florecer, para entender lo que está pasando. Tic

Son mis huesos.

Tac

Dejo ir.

Me despliego en fragmentos de larga hambre y lloro,
 grito,
soy de pronto,
muy pronto. Todo lo que llevaba adentro desborda y me llena de sentimientos. Evaporando las facetas erráticas, siento que

me abrazan y sé que no estoy sola. Ya no…
Es mi extrañez que se ha olvidado,
es que, entre yo y yo,
me nombro esférica,
con un canal abierto en mis manos.

La tibieza en mi piel es plastilina, tomo mis cosas y marcho empujándome hacia el futuro. Con el peso sobre mis hombros y la ansiedad saliendo por los poros de mi piel, trato de no perder el ritmo, mira si, por despistada, en vez de formar una casa, moldeo una tristeza sin cerveza; sin una sillita. Sin rumbo alguno, voy aplanando mi camino. El latir precipitado de mi pecho se pierde en el errático paso de mi respiración. Aún con el dolor en las palmas de mi mano, tengo que admitir que, después de un rato, la calma se adueña de mi sistema. Hasta confundo mis piernas con las señales de aumento de velocidad. Porque, a pesar de todo, me he liberado de las cadenas; de mí. Escuchando solo mi propia voz, me adentro al desacierto; la seguridad entra desde la tierra.

Mi andar, que antes carecía de fuerza, se vuelve determinante en las vacías calles de la ciudad, como una cita reprogramada. Entre el sonido de los grillos, pienso que no importa qué tan profunda parezca el agua, qué tan fuerte sea la tormenta, qué tan duro sea el camino ni qué tan fuerte sea la voz exterior porque, más allá de todo, cuando uno cree,

cuando uno sueña,

cuando uno se permite a sí mismo, no hay cadenas necesarias para amortiguar,

para paralizar,

porque siempre,

siempre escucharemos a nuestra voz decir

"basta".

A la vuelta de la esquina

De camino, me encuentro contigo. Me siento aliviada, un rostro familiar. Pronto se torna en un grito de revolución:

¡Lo siento! ¡No pude soñarte como debía!
Lo siento, si no supe dejarme caer ciegamente en tus brazos. Sólo no pude evitarlo.
¿Cómo olvidar que no me amaba, cuando tú desprendías tu amor en suaves palabras que atravesaron mi pulsión como balazos?
Oh, cariño, entiéndelo, no eres tú. Es el proceso que yo misma creé para no verme envuelta en una telaraña que aún sigo sacudiéndome para sacarlo de mi piel.

Pensé que vomitaría mi repetición; pero, de entrada, me tocaste con tu sonrisa y supe que el *tanto* no había sido ni será.

Tenemos un intercambio frágil que acaba conmigo
siguiendo
caminando.

Si te concierne,
tranquilo,
estoy tratando de encontrar a aquella niña para traerla a rastras a enfrentar la vida. Pero aún me quedan muchos miedos por enfrentar.

Ansi(edad)

Ojalá fuera tan fácil
apagar y prender las
emociones;
controlarlas.

Nada está a nuestro alcance en comparación con lo que sí lo
está.

La ansiedad es un disfraz involuntario:
se viste de risas, cantos, recuerdos,
sonrisas.

No son pensamientos intensos, es una realidad mortificada,
ausente de tiempo.

Es aquella llama encendida en un
lugar lleno de nafta.

Es descomposición de un cuerpo;
cambia tu forma de pensar,
actuar,
andar.

Cada vez que se desata,
nunca vuelve a recomponerse de la misma manera.
 Es aquella prenda que se rompe de cierta forma,

que coses con paciencia y esmero,
para volver a romperse.

La prenda que posee valor
no es más que fragmentos de diferentes fragmentos,
tamaños,
dolores.

Es la edad —me digo—,
  es mi edad la que pone fin al mundo
      y el mundo el que abre un recopilado de sueños.

El que no lo sabe no entiende lo difícil que
es constantemente averiguar nuevas maneras de
arreglarse.

Asfixia

Conozco el viento que llega cargado de apagones,
las palabras se mezclan,
se pierden en la noche, atascándose en mi cabeza.

Dicen que soy joven
para entender el caos;
no saben que he estado viviendo bajo el agua por
una buena temporada.

Quieren que actúe como ellos,
sabiendo que mi alma pertenece al desacierto.

No soy más que un libre boceto.

Sin comprenderlo,
me sigues hundiendo,
y luego me dices que
tome tu mano cuando vaya
cayendo.

No puedo otorgarte empatía cuando carezco de ella en lo que
respecta a tu figura.
Cuando me he alejado para que no me arrastres a tu martirio.
No me he rendido.

No nazcas de nuevo,
que no puedo cortarte después;
no cuando tú mismo has creado a este
ángel
 y le has quitado sus alas.

95

Debía tantas disculpas.
Más me las debía a mí misma
por las veces que,
con desazón,
no me di de beber frente al espejo.

Vasos vacíos

Soledad no era aquella presencia que se manifestaba en las tinieblas,
era aquella que bailaba en las fiestas y vaciaba la botella,
era aquella que se perdía con tal de tener un campo para erizar,
era aquella que, rodeada de gente que la hacía descubrirse,
era incapaz de sentir la alegría; solo servía para cagarla.

Era aquella que se encriptaba en tu alma y, a su vez,
se fugaba a través de tus ojos.

Era aquella que, si te acostumbrabas,
como huésped se alojaba
y nunca se marchaba.

Globos a punto de explotar

¿No les sucede que crean una maldita coraza para no salir
heridos?
Y luego se siente como un ensañamiento gratuito.

El miedo se enmarca más allá de tamaños,
y te convences de que no debes avergonzarte.
Te encuentras luchando con los fantasmas del pasado que
alguien más ha puesto en ti.
¿Cómo desprenderme del ruin pensamiento, si me lo he
empezado a creer?

Lo que imagino de mí ¿es lo que soy?
No te explico lo que puedo decir, si lo que digo no es
honestidad absoluta.

¿Qué me hace probarme?

En un delirio me dije:
"Sabrás quién eres cuando enfrentes lo que odias".

Suplico:
"¡Alguien que escuche la alarma de incendios, que me estoy
quemando por dentro con la llama que he alimentado!
¡Estoy envejeciendo!".

Ni sé a quién le contesto ya.

¡Estás preparándote!;
a cada instante,
mueres un poco si renuncias a lo que te hace feliz.

No dejes que ninguna voz amortigüe la tuya.
No dejes que, porque otro no ha luchado, te impida hacerlo a
ti.
Si al final del día lo único que tenemos es nuestra propia
sombra a punto de explotar si decides seguir con aquella
dolencia.

Tomo la carretera principal, y mis pies me guían hacia el bar donde todos mis problemas, junto con el vaso lleno, desaparecen. Luego de perder la cuenta, todo parece estar en su estado. Sin embargo, todo es una ilusión. Ya no me extravío, porque no me busco. Conecto conmigo a medias porque mi mente vuela. Luego despierto. El martirio de la noche anterior martilla con más fuerza, adormece mi boca, aprieta mis pies y sella los latidos.

Donde las máscaras no se han caído, sino adherido como segunda piel; la tranquilidad no se aloja en mi cuerpo, y la fila de oraciones bimembres de tu calor me arropa, me calienta.

Consciente de que ni el flechazo más certero hubiese dolido más que la cruda realidad ensamblada de pasarme como misterio. Ha funcionado, pero se ha erosionado. Me he puesto al pie del olvido por un buen rato y peregrino las puntas de mi sequedad.

¿Quién dijo que el alcohol era bueno? Si agudiza los sentidos y los transforma en el eco de la voz que no se atreve a mostrarse cuando estamos rezando.

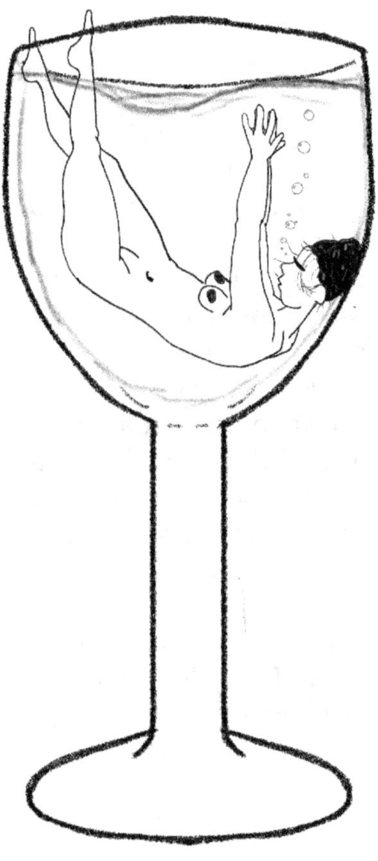

Vendiéndote

Fingir al caminar que tu sombra no te
persigue es pensar que la tierra no gira en sí
misma.

Decir que todo está bien, una y otra vez, es transformar la
palabra en vacío,
donde no suena como tal.

Esconder tus heridas no significa que
no te quedarán cicatrices.

Pensar que, con el tiempo, el dolor se dispersará es
quedarte de pie;
ver la vida arder,
        esperando volver a encontrar la felicidad echando
leña.

No hay peor razón que no elegir con el corazón,
dejándote vencer por la hoguera,
pensando que nunca te vas a fundir en ella y convertir en
polvo.

Alucinaciones,
un zumbido revolotea en mis oídos
y no me deja.

De noches de vigilia, comprendí
el pecado de prenderte,
no por miedo a soñar,
sino a despertar y que todo siga igual.

Y aquí estoy,

otra noche en que los grillos me hacen compañía y dejo mi mente vagar: es curioso pensar que, cuando era chica, odiaba las rosas y, ahora, en cierto modo, me identifico con ellas. Poseen una belleza extraordinaria, tanto por fuera como por dentro; de alguna manera, su ser no es libre. Somos como ellas, encadenadas a la luz del sol para crecer; sin su esplendor, nos marchitamos. La inminente autonomía se evapora con la presencia de la persona amada. ¿Tan desconcertante es no crecer por sí mismo? Ese paradigma de dependencia, desafortunadamente, se mantiene en vigilia en nuestro entorno.

El pensar que el otro completa. Como el viejo mito de las almas gemelas que, perdidas en el mundo, van en busca de su encuentro. Pero ¿tan disparatado es que la plenitud se encuentre en las mitades sin cruces? Me aferro vigorosamente a la creencia de que el ser humano planta la semilla y puede fortalecerla y hacerla crecer. Como una rosa en medio del caos —llamado "sociedad"—, se aferra a sus raíces para mantenerse de pie, mientras que el frío viento la mece. El sentido de la vida no se encuentra en las pequeñas cosas, sino en cada ser en particular, que, en el augurio,

encuentra la felicidad donde más bestia es.

Cajas de sueños

Sostengo,
me estremezco,
voy despertando de este horrible
sueño.

Enredaderas hechas de oro afloran el plomo de mi alma para
convertirse en luminosidad.

Las manos enfrascan humo,
tal vez nunca me inhalaste.

Regué una caja individual con las lágrimas
globalizadas de mis desaciertos.

Tomó tiempo, pero ahora, en mi visión,
resplandece la esperanza en el jardín, en plena primavera.

Último intento,
me intereso,
sabiendo que el fuego es un etcétera del aire;
no espero a nadie, me traigo a mí
a cargas,
en signos.
Me vengo
para irme de los barrotes,

para fluir
luego de un camino de montañas
que aún enclaustradas
en mi piel están.

El jardín del olvido

Me he creído lo que me han dicho,
he encontrado muros en mi conciencia que se manifiestan en
mis definiciones.

He sonreído,
he tirado palabras
vacías.

He visto en mi reflejo un alma en velo.

He confiado tanto
que he dudado de mi
instinto.

Me he aferrado a espinas para saltar hacia mí misma
del miedo que tenía.

He intentado subir el volumen a la radio para no escucharme
como canción;
en vano,
me he apuñalado con las mentiras que formulaban mis labios.

He cortado mi vuelo para no despegar y,
así,
evitar caer al suelo llevando astillas dentro.

Dolía,
pero eran gérmenes
que he plantado con mis dedos
y que he protegido con las etiquetas de mis pesadillas:
se transformaron en abejas en busca del polen, en busca de
algo que las nutriera.

Dónde es la brisa,
dónde es el *aquí estoy* que se colaba entre la tierra marchita de
penas,
con los sueños en la punta de la lengua
y el agua fluyendo entre las raíces que aspiré de una isla
desierta.

Diseño
una melodía que me lleve a los recuerdos, y no a los falsos
poemas que me recitaba a la hora de morderte.

Me enriquezco desde el último rayo hasta el otro
para poder empezar de nuevo sin hierbas mal hechas
de bandidas creencias.

Decidí poner una moneda en un frasco por cada lágrima que
derramo,
para que cuando el dolor no desborde
y se marche,
observe lo que ha suministrado.

Como gotas de lluvia que salpican los autos,
  dejo huella de que he estado,
  porque he quedado estática
     y el suelo se convirtió en mi compañía.

Qué triste que me acobije en las desilusiones,
mientras que el mundo tiene sexo con el satélite.

Me encuentro
rebuscando,
sin saber la razón,
no sé por cuánto tiempo.

¿Tengo que hacer algo o quedarme
a que alguien me rehaga?

El frío ya no me estremece cuando me abrasa el fervor de la
esperanza,
me canso.

Me canso de la idea de que el tiempo lama mis heridas,
rompo los estereotipos, rompo con las vacilaciones,

alejo el pánico a un lugar oscuro de mi mente
para salir a la superficie sin que el agua me arrastre con ella.

Porque sé que llevo el paraíso dentro por querer quererte
como me quiero querer;
    no me hará mal
      quitar algunas frutas para salivar tu árbol y llegar al mío.

Alzo la vista
al cielo
y
veo lo que el cielo ve
al
mirarme

No creas que no eres para nadie, que no eres suficiente. A lo lejos, unos ojos te anhelan y se preguntan: "¿Por qué no me encandilas con una sonrisa?".

Creía que existían diversas revoluciones:
aquellas provocadas por una sonrisa o un abrazo que eleva
mariposas en el estómago.

Aquellas que la incertidumbre y las ganas de intentarlo
sacuden
como un tornado
o aquellas que uno reprime y aflora con fuerza,
repentinamente.

Pero quería solo un tipo de revolución;
el que me llevaba a la aceptación,
el del amor propio y el camino hacia el renacimiento,
conllevando y superando todas las revoluciones
existentes,
para ser consciente:

de que todo lleva su
sanación,
sus dudas,
sus firmezas,
sus caídas.

Y, sin importar aquellos pájaros enjaulados que viven en uno,
poder aceptar que hay cosas que no podemos cambiar,
pero sí hay otras que podemos modificar:
pintarlas con colores, como un lienzo ya manchado con tinta,
y crear nuestro propio paisaje por encima.

Ni blanco
ni negro;
ni nublado
ni soleado.

Cada día, un nuevo comienzo:
diferentes pensamientos; tendría que tener un término
medio.

En mi lengua aquello perdía
sentimiento.
Tal vez hoy quiera tus besos,
tal vez mañana no quiera tus caricias.

Tal vez hoy me
aferraría,
tal vez mañana
te olvidaría.

Totalidad o vacío,
dos caras de una misma
moneda.
Dos almas enfrentadas fundidas en un solo cuerpo:
máscaras luchando para destaparse.

Con mis idas y venidas, te sorprendería o te desilusionaría.
No lo sabrías,
hasta adentrarte en esta dulce y amarga sintonía.

Recuerdo haber susurrado: "No sé qué hacer". Pensé que el eco había amortiguado mi voz, pero al escuchar su respuesta me di cuenta de que no.

No deberías tenerlo. El miedo va a emerger siempre. No es algo que podamos evitar. Crecemos, cambiamos, es normal sentirse no sentido a veces, está bien si quieres descansar en el hombro de otra persona para acomodarte. Permítete unos segundos de tranquilidad. Deja que el miedo te presione, pero que no te ahogue. Exhala profundamente y sigue tu rumbo, sin permitir que aquello te rompa, te paralice. Viaja con la maleta vacía si es necesario, llénala de sueños, alegrías, recuerdos, temores. Es la ley de la vida, morir a veces para resucitar con más fuerza.

Mantente fuerte, pero no olvides que estamos hechos de carne y huesos, y tenemos permitido dejarnos sorprender de vez en cuando. Porque para entender la caída, se necesita tocar el suelo primero.

Los seres humanos somos como mariposas: nacemos y crecemos protegidos por un cascarón. Allí dentro, no sabemos el significado de la maldad porque se viste de inocencia. Luego, cuando nos desprendemos de esa coraza, la mayoría alza vuelo. Otros no se sienten limpios y permanecen estáticos. Otros se tropiezan y penan; algunos buscan refugio, otros se nutren de amor.
Cada uno en búsqueda de su felicidad. A su manera, se alzan hacia su libertad. No significa que aquellos a quienes les costó emprender vuelo no la alcanzarán, sino que tardarán un poco en hacerlo.
El resultado es el mismo, simplemente cambia nuestra forma de realizarlo, porque lo extraordinario se encuentra en las pequeñas diferencias.
Imagina un mundo poblado de pájaros de la misma especie, no existiría variedad de belleza, sería todo ordinario.

El error no es ser diferente;
es querer ser igual sólo para
encajar.

Guerrera

Mujer luchadora.
Mujer valiosa.

La guerra llamada vida se acercaba y nadie te había
preparado para eso:
te criaron en una isla de vidrio
que solo reflejaba tu propia realidad.

De repente,
el verdadero valor te embargó y rompiste ese muro,
te topaste con la sangre de inocentes,
con la victoria de los pecadores.

Dolía, dolía
ver a una mujer derrotada,
con los ojos vacíos y el cuerpo desenvuelto,
dando su último aliento por luchar por lo que creía
correcto. Vestidos de princesas nos han puesto sin
consentimiento, oh, y ¡a cuántas cosas no teníamos
derecho!
Por tener pechos.

Viviendo encerradas por miedo,
nos arrebatan todo tipo de esperanza, pero de pie ante la
masacre me mantengo, con el arma más pura que tenemos:
nuestra valentía;
me adentro al infierno prometiendo luchar por la libertad de
respirar en un mundo de voces

que intentan convertirme en muerta.
Cariño,
todo florece y,
cuando menos esperes,
el sol te esperará.

No estamos solas:
somos todas una, una con todo.
Mi cuerpo no se sentirá vacío,
porque tengo el cariño de las demás mujeres que me
protegen.

Construí un puente; me dijeron que estaba desalineado y lo destruí. Canté con pasión; me dijeron que callara, y mi garganta nunca se escuchó de nuevo en la habitación. Escribí una historia de ficción; me dijeron que mis palabras carecían de sentido, he olvidado dónde escondí las escaleras de la imaginación.

Bailé al compás del ritmo de una perfecta balada; dijeron que poseía dos pies izquierdos, quemé la malla de danza. Las estaciones pasaron con la rapidez de una canción de rap. Miré atrás y me multipliqué en silencio. Dejé de hacer cosas que amaba por escuchar el juicio de la soledad. Allí de pie, junto a mis heridas, observé todo lo que había dejado de lado: meñiques, besos, gotitas de mañanas, charcos sin limar.

¿Y me preguntaba por qué me sentía tan vacía?

¿En qué momento abandoné a aquella niña con sueños? La angustia de la ausencia me anega, pero sé que en mis acciones aún se manifiesta: en el vaivén de mi cabeza al escuchar una canción que me gusta;

en el toqueteo nervioso de mis dedos en busca de un cuaderno; en el pequeño movimiento de mi cadera, que luego para cuando siente la vista de los demás.

Lo que uno ama nunca desaparece. Está y es, será. Escondido en alguna parte de nuestra silueta, que trata de salir a flote en medio de las municiones de mentiras que nos decimos a la hora de dormir, para autoconvencernos de que lo que hacemos nos lleva al camino correcto. ¿Camino correcto para quién?

Luego nos preguntamos a qué se deben aquellas noches de insomnio y dosis de café. No es que la verdad se esconde y no la vemos: al contrario, siempre se muestra en su cara más verdadera, nosotros somos los que la desmentimos.

¿Será por miedo, por cobardía o simples hechos?

Creo que todos nos merecemos una charla sin prejuicios con nosotros mismos y preguntarnos:

"¿Soy feliz con esto o simplemente seremos algo sin reconocer?".

Cristal

Mujeres con alas de cristal,
nos cuesta volar:
valiosa
pero frágil ante los ojos de la sociedad;
está muy lejos de la realidad.

Empoderada y fuerte:
cargando con deseos que no le pertenecen,
queriendo volar alto,
la brisa de la infelicidad la intenta
derrumbar.

"Ten hijos", dice mama.
"No ganarás suficiente plata", dice papa.
"No lo lograrás",
gritan con "amabilidad".

En un frasco todas las voces encierro sin
piedad,
y se quejarán por privar su libertad
y les responderé:
"Como la ruleta rusa sin anticipar, te topas con tu propio
veneno, ese que quisiste contagiar a alguien más".

Paralelamente,
abrí vuelo hacia mi camino mientras mis plumas cantaban:
"No esclava, sí mujer realizada".

Si no lo crees,
veme zarpar a través del agujero de la jaula
donde quisiste encerrarme,
cuando aún tus manos libres estaban.

La libertad renace mientras me desvisto.

La única libertad que conozco
se logra quitándoles la libertad a las cosas que me hacen daño.

Salí de casa para visitar a mi amiga.

Tal vez tendría que haber salido temprano,
tal vez tendría que usar pantalón largo;
mi mente en blanco,
sé que me están buscando.

Lo siento, mamá.
Si hubiera sabido que no llegaría a casa por última
vez, te habría abrazado.

El gélido frio me envuelve,
escucho una voz y una mano recorrerme;
trato de no llorar cierro los ojos y visualizo la playa
donde reina la calma.

Me desgarran,
se llevan mi inocencia.

Me siento usada,
me dejan tirada.

Doy gracias por estar viva.

¡Nuevas noticias!
Encuentro el rumbo a mi casa. La simetría ha cambiado o tal
vez soy yo; inconsciente.

Como cuadro decorativo, no servía para
nada.
La gente me hablaba,
pero mi presencia ahuyentaba,
perdida estaba
en un cuerpo que ya no me pertenecía.

Tenía que seguir,
pero estancada estaba,
atascada en un augurio de alucinaciones.

Y,
asimismo:
vacío.

Mi mente suplicaba un respiro de las pesadillas que
acosaban,
el tiempo pasa,
y ya no hay rastro del río de los planes.

Como encantada con la manzana me encuentro envenenada,
sin besos de salvavidas me adentro al cielo y espero que mis
padres entiendan
que,
quizás,
existía un paraíso o a eso me aferraba para no sentir más
martirio.

¡Nuevas noticias!
Niña ultrajada decide partir y, entre serpientes, la melodía de
los cascabeles se hacía escuchar junto al susurro:
"Ella no debía; había otra salida".

Qué sabían ellos,
si no tenían miedo de salir a la calle,
si no se sentían incómodos con su ropa,
si no habían sentido la impotencia de que los tocaran cuando
no querían.

Qué sabían ellos
 de sentirse enjaulados en su propio
cuerpo.

Qué sabían ellos
si no perdían la vida en el intento de seguir
vivos.

Qué sabían ellos
de decisiones, si solo pensaban con sus partes.

Qué sabían ellos,
 si lo único que hacían era generar culpa con sus
desagradables actos.

Eso no era todo si la sociedad desistía de una lucha que nos
comprometía a todas.

Qué sabían ellos
si lo único que hacían eran encerrar,
presionar,
despojar.

Pero ya no más:
¡no más ironías!

Basta de apañar cuando el ser de la mujer se encuentra
comprometido.
      Y no,
no lo sabían porque no tenían ovarios.

Por todas aquellas que no están,
por las que no llegaron a casa y se fueron junto a la luz del
amanecer.

No suplico, grito:
"¡Basta de noticias!".

Suave brisa de otoño,
chica errática.

Quiero desprenderme de mi ropa y liberarme, mezclarme
con el compás de la música y captarlo todo sin ver nada.

Ramas que se abren paso desde el suelo,
suelto el libro que sostenía
y dejo de escribir mi historia para dejar que las palabras fluyan
solas, tocando lo más alto sin que nadie me frene.

Sin contenerme,
dejo a mi cuerpo danzar como si fuese la última vez,
mientras que a mi alrededor mi aura ilumina a cualquiera y,
consciente de la magia que desprendo, sonrío;
estoy desatada de ataduras y no hay nada más maravilloso
que conocer tu propio arte.

Abandoné mi palacio
dejándome guiar por las constelaciones;
impenetrable universo, ardo y fundo el oro.

Soy un animal que se quitó el bozal
para exclamar con ferocidad lo que ha
guardado.

Sin culpa,
los ríos sin agua,
mi mente
volcó desbordes de olas de
mitos.

El ferviente valor recorrió mi cuerpo como pincel en un
mural,
mis ojos son como dos diques en construcción
y no puedes alcanzarlo;
evaporarlo.

Como volcán a punto de estallar sin notar el desastre que
ocasionará, dejo temporales.

Soy menos yo cuando se trata de vencer el *haber sido*.

No quiero acordarme de qué estamos hechos:
si de plomo o de hierro.

> Quiero olvidar los duelos,
> plantar un girasol
> y que el rocío de verano haga el resto.

Quiero oler el lirio y desprender el
aroma de las pesadillas.

> Quiero subirme a una montaña rusa y no mirar hacia
> abajo.

Quiero dejar atrás los límites establecidos por aquellos que no
se animaron a cambiar su destino
y culparon al tiempo por su mala fortuna.

> No quiero ser una diosa, solo un cuerpo
> que se identifica con su forma.

Quiero que el infinito se vea enredado en cada rincón de mi
cuerpo.
¿Y tú?, ¿qué me dices del rojo?, ¿cuántos hilos caben en tus
suspiros?

Iba caminando en dirección al trabajo, un señor pasa por mi lado
vociferando "buenos días".

Tal vez no lo sabe,
que mientras más cerca estaba,
 mi corazón menos se comprendía y mi voz se la llevaba la brisa de la mañana.

Tal vez no lo sabe,
que hasta un "buenos días" sonaba amenazante,
atenazaba mis cuerdas vocales y adormecía el camino de cada día.

Porque así se sentía/se siente al salir,
cada paso que damos hacia el exterior es como pisar un campo lleno de minas —entiéndeme—,
 minas de mujeres, y desconocer cuántas de todas saldrían airosas.

Entiéndeme, en un mundo lleno de espinas,
todas somos flores.

Hay besos en la frente que son erotismo
y hay otros que te separan,
te revuelcan
y vuelven a juntar sus labios por debajo de tus
países.

También,
he desarrollado una inmunidad al amor porque cada vez que
entraron por la puerta,
yo salía por la ventana.

Sin vacilaciones le pregunté a los cosmos si había explicación
y respondieron que no tuve una buena dosis de azúcar.

A pesar del tiempo,
a pesar de quedarme cuando nadie lo entiende,
de haberme rodado en el finito de las veces y de perder la cifra:
siempre sé que voy a seguir intentándolo
nuevamente.

Aunque, asomada en la esquina,
haya una golpiza que espere,
llamada vida
o
llamada ilusión.

Obligan a ser,
en vez de ejercer motivación para
crecer.

En la punta de la lengua tenía todos dibujos antiguos,
abollados; has de saber que mi disputa no es volver,
sino a qué hueco.

Con el bolígrafo en mano, este era mi mundo,
donde los versos me abrumaban y la belleza
asomaba.

¿Pero éste era el rumbo correcto?
Batalla naval entre corazón y cerebro;
era sólo excusa y superposición de
sentimientos.

Interrogación dialéctica:

¿ya era demasiado tarde?

¡Que el tiempo se lo devore el ciervo!
Nunca es tarde para actuar con la verdadera pasión. Empieza
con la iniciación de adentrarte al camino sin saber cuál es el
final.
En realidad,
no le pongas a tu aire un
final.

Suelta de riendas

En la hambrienta piel de los demás,
ya no busco el tacto,
ya no tiño el borde de las heridas,
ya no busco consuelo,
porque entre bosques me he
aceptado.

Ya no huyo de lo que siento,
lo enfrento.
Luego de años en la punta del
barranco,
me he animado a alzar la vista que me
devuelve, por fin, una sonrisa:
"Escoge tú", le digo al cielo con una estación de invierno
en mis dedos.

"Ya has elegido", *tú* flotas
en la
inmensidad de las
puntas de lo alto
del tallo.

Mírame

Soy feroz, soy intrépida,
soy todo lo que no quieres que sea.

Soy ese arcoíris después de la tormenta,
 la luz al final del túnel.

Soy aquella persona de pie luego de la guerra,
que lame sus heridas
 y refuerza su armadura.

Soy mujer,
soy esa valentía que te falta,
la que llamas debilidad y yo llamo
fortaleza.

Creo lazos
donde se han cortado,
donde tú lo has cortado,
y ahí está la diferencia:
soy todo lo que no puedes domar.

Desenredo las telas de mi cuerpo,
el hilo del sueño aparece
cuando despierto,
me acurruco y no volteo para ver el vacío que dejaste en
mi cama.

Ya no te busco en mi despertar,
ya no miro mi teléfono para ver si me escribiste,
 ya no eres mi vía de escape,
ya encontré mi lugar en mis manos arrugadas,
manchadas de colores tras pintar el color en mi mirada.

Ya no obedezco a la presentación del pasado ni
estoy en el tendón del mañana.

Soy tiempos conjugados por mis deseos.

Peter pan

Crecíamos,
pero una parte nuestra estaba atada a nuestro niño interior;
adictos a aquello que nos decían que no,
como el anhelo de un dulce
y la negación por su consecuencia de dolores en el estómago.

A hurtadillas
espiábamos,
buscábamos mensajes,
esperando que se le escapara un
"te amo".

Éramos curiosos,
como niños:
donde había peligro, asomábamos la cabeza sin miedo a lo
que conllevaba.

El alma en su estado más puro:
la inocencia.

Éramos soñadores,
porque cuando nos topábamos con un corazón partido,
teníamos el deseo de reconstruirlo para aliviar la ausencia y
coserlo a besos.

El tiempo
pasó,
crecimos.
A veces
nos alejábamos a tiempo cuando algo estaba a punto de
estallar, a veces, solo a veces, sabíamos dejar ir: aún con el
dolor que soplaba en tu nuca.

Solo muchas veces nos marchábamos con el corazón en mano
y nos embarcábamos en búsqueda de una isla que nos quitara
la calma.

No ser adultos era justo eso, era *ser*
sentido,
no ser sentidos.

Últimos versos y
escalada hacia la
punta
de la montaña

Toco mi frente
y tengo desamores
febriles,
pantanos desgarrados alojados
en mi palidez.

Recupero los faltantes, los pongo en la mesa:
                         mi incapacidad de tocarlos
                            me prohíbe comerlos.
Estoy bien,
he liberado el odio que vivía en mi interior que, como títere,
me manipulaba
y alimentaba su ego;
que, hambriento de mis anhelos, me succionaba.

Por eso, rompo los cables que me enlazaban con la parte
oscura de
mi alma.

Metamorfosis de alivio,
en mariposa me convierto,
airosa salgo a salvar al vuelo.

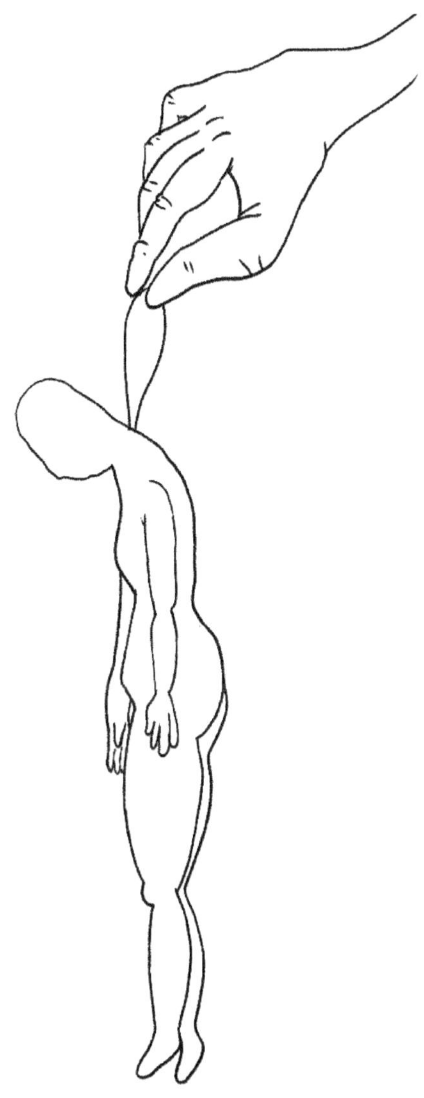

Tomé una copa de vino y me senté al fondo como
quien late entre relojes.

Quería pensar que no había cambiado, aun sabiendo que no
podía tapar el sol con el dedo;
el tiempo ha pasado resucitando,
descubriendo,
bajo mi espalda,
las trampas de
las nubes.

Me replanteo si, hasta
ahora,
ha sido lo que tanto había
querido:
         un día sin clima.

Quise corregir y esconder mis defectos;
quise sollozar cada vez que me veía en espejo,
embestida por sacudidas de expectativas.

Decidí dejar de ser eco
para convertirme en dueña de mis
cuevas.

Desfilo
desnuda
sin vergüenza luego en la ducha,
mojo mis labios con una dulce dosis de
cordura.

Tomo la primera ropa que encuentro;
cómoda me siento.

Me suelto con el viento
y lleno mis pulmones de aire fresco, ¡Oh, que dulce otoño se
acerca!, cuando las flores desbordan de mi boca.

No mueres de dolor,
pero si dejas que salga por cualquier parte, menos por la
boca, revive en los tendones que no
    escuchas.

Sientes que te ahogas,
que la cúspide de la montaña parece inalcanzable; sé que no
cesa el llanto y te sobrepasa el cansancio.

Siéntate,
respira.

Deja pasar la neblina,
que el sol se encuentra escondido y
nunca abandonó tu compañía.

Perdí la cuenta de las veces que me despedí,
creyendo que no podía seguir.

Perdí la cuenta de las veces que me di la
bienvenida con los brazos cerrados.

Perdí la cuenta de las veces que me acobijé en mí, no por
falta de gente,
sino por armas en mano
que construí con lágrimas desde el asfalto.

Me cuidé,
lastimé,
soñé,
abandoné;
recolecté,
solté
y reí
con la grandeza de una
guerrera.
        Si fallar es, en esta vida,
una vida a saldar;
no importa si me fallé,
al menos tengo una
vida.

Estoy orgullosa de mí y no quiero guardármelo,
cuando quiero hacerme escuchar en cada rincón de la
ciudad.

Elijo expresar en mis cinco sentidos que he llegado,
y no me he distraído con ninguna piedra.

En cambio,
me he enamorado de la bella vista que me ofrecía mirar hacia
el frente
y no rendirme en museos llamados "recuerdos" o cuadros
llamados "tú".

Flechas vencidas

Cupido me quiso arrojar flores,
pero no quiero ramos que luego se marchiten.

Tráigame alguien que quiera,
que con su locura
no reprima ni se deshaga.

Que renazca entre polen de girasoles,
 que yo,
mientras,
          me impresiono a mí misma.

Siglo XXI

Ciudad de pecados,
ciudad que calla y acalla,
ciudad que desvía y decora la verdad para convertirla en
mentiras.

Creencia infame
de que el largo de mi pollera define mi
inocencia, mi decencia, mi femineidad.

Qué buitres sordos que castigan a una nena por no ser madre
cuando tendría que aprender a jugar.

Qué nefasto paradigma, en el que la esencia de la mujer se
mide por el tamaño de su vello.

Pero no voy a malgastar mi voz,
no voy a pelear con un esqueleto hermético carente de
empatía.

No
cuando tengo que guardar energía para luchar por aquellas
que siguen aquí.

Un día desperté, el apetito se fue corriendo, y me levanté sin prisa, a destiempo. Comí cuando lo deseé. Luego caminé por el parque sin los auriculares puestos y presté más atención a lo que me rodeaba aquella mañana. Me di cuenta de que nevaba. ¿Tan caliente tenía la piel que no absorbía los fríos copos de nieve? Le resté importancia y canté, en el medio de la vía pública, porque quería. Me nació ese día recorrer todos los rincones de la ciudad que aún no conocía, no por falta de tiempo, sino de interés.

La vida, aquel día, la saboreé con menos amargura.

Y la pregunta se asomó mientras veía la luna llena:

¿no perdemos los pequeños detalles que nos da la naturaleza solo por ir siempre con el tiempo justo? Ese día percibí sensaciones que nunca habían pasado por mí, ni por un segundo. Se alojaron ahí y encontraron su confort. Al día siguiente, no era aquella chica que se aislaba, que corría para llegar temprano a algún lugar, que no miraba más que su celular, que no escuchaba porque tenía siempre en la punta de la lengua las palabras para batallar.

Sorprendentemente, ese día, junto con el sorbo de un té frío, aprendí a escuchar, ver,

oler;

me dije: "¡Qué tonta he sido al no ver las cosas que me perdía!".

Ese día fue cuando mi sonrisa empezó a ser genuina.

Qué detalle.

Perder el control significa recuperarlo descontroladamente.

Quise seguir el mismo rumbo que los demás y no comprendía por qué tropezaba en cada paso que daba. Cada persona tiene su esencia, su tiempo, su modo de caminar. Tardé en darme cuenta de que no era de las que caminaban en línea recta. En cambio, era la que caminaba en el borde de la vereda; entre el equilibrio y el caer. Pesar de la monotonía, era la que se arriesgaba sin percatarse siquiera.

Despierta, no
te frenes.
No busques amor donde existen migajas.

Ve,
corre.

Quítate la mala costumbre de conformarte,
pero no pierdas la costumbre de valorar lo que tienes.

Déjate llevar,
como las olas del mar de cristal.

Abre tus ojos
y solo mira hacia atrás para impulsarte hacia adelante.

Fortalécete,
no pasa nada si pierdes,
tu andar es tu ganar.

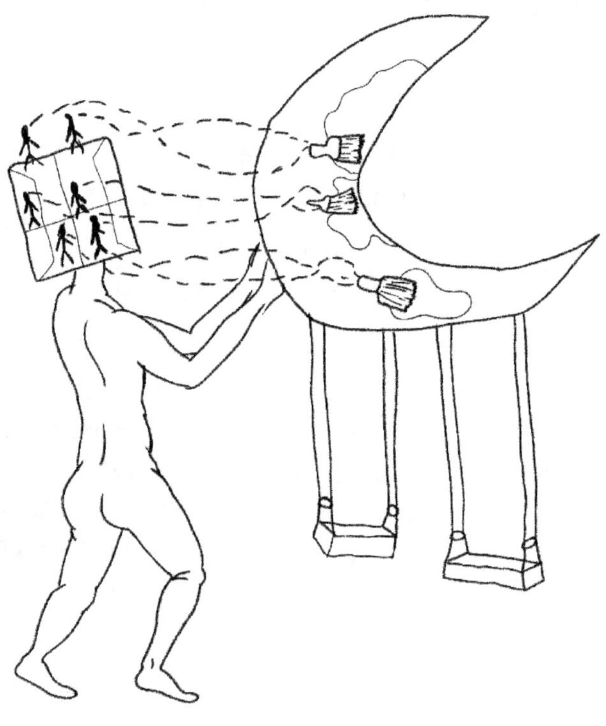

Aquellas personas

Aquellas personas cuya
lengua filosa quiere llenarme
de falsas malezas para evitar destapar lo que el alma está
destinada a ser;
esas, las que se alimentan de la luz de los demás;
las que no son capaces de prender la suya propia.
Son piedras estáticas, a la espera de tu
distracción; no poseen transformación.

Espero que se den el mundo para dejar de tocar el de los
demás.

Nunca dejes de regar tu semilla.
Solo los que tenemos la capacidad de amar
podemos crear una simple flor
con el cuerpo hecho lodo.

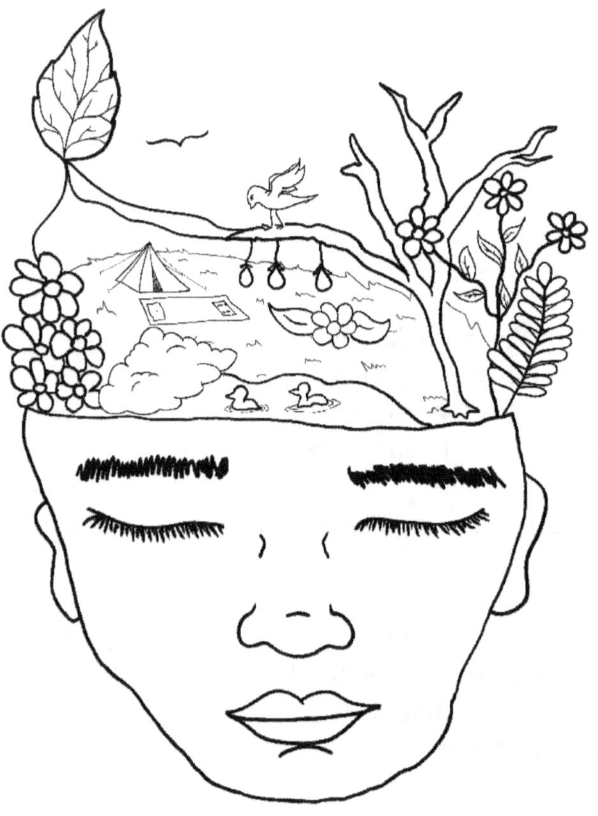

Dos caras

Chocolate amargo,
soy los mil
y un gritos que no vocero.

Soy un cuadro sin paisaje,
un cuerpo sin venas que lo recorren.

Soy un auto sin ruedas,
un tsunami sin temblor.

Soy todo lo que soy
Y, a la vez, lo que no soy.

Soy todo aquello que resplandece,
pero que,
en otros momentos,
 se pierde en la corriente.

Soy arte y, asimismo,
soy el desastre que acompaña a las catástrofes.

Soy aquello que arrasa con velocidad,
que pierde el equilibrio.

Soy aquella lluvia de verano que moja tus labios,
viste tu rostro.

Soy aquello que aún busca su razón de ser.

Entre el amanecer y el
anochecer;
entre la tierra y el cielo;
entre el vuelo y el aterrizaje.

Soy aquel planeta que recién se está formando,
entre la gravedad y el oxígeno, entre el ser y no
ser.

Hice un balance
entre valles y montañas,
entre alambrados,
cercos;
separando desiertos húmedos de deseos y recelos.

El susurro del alma hizo caer el tablero del juego.

Al final,
a pesar de las indecisiones,
 siempre gana lo que uno ama.

Al inicio,
decidí acunarme en la lluvia,
así cuando llegase el viento,
susurrase lo hermosa que me veía con los pelos sueltos y el
alma caótica.

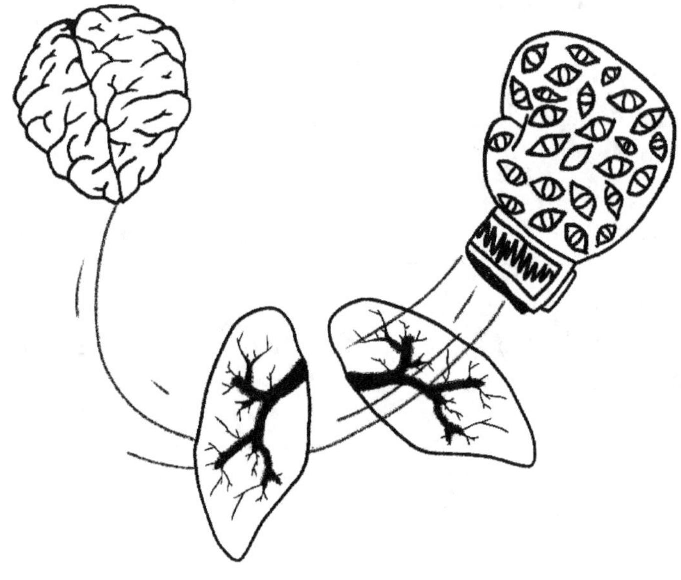

No quiero un título que me defina.

Noquiero,
no poseo premisas que amordacen;
solo tengo un corazón.

Estoy dispuesta a entregarte la mitad,
la otra faltante la resguardo para mimarme.

Si no te gusta,
no voy a decir "lo siento":
me elijo a mí misma primero,
   aunque aprenda a elegirme contra todo pronóstico.

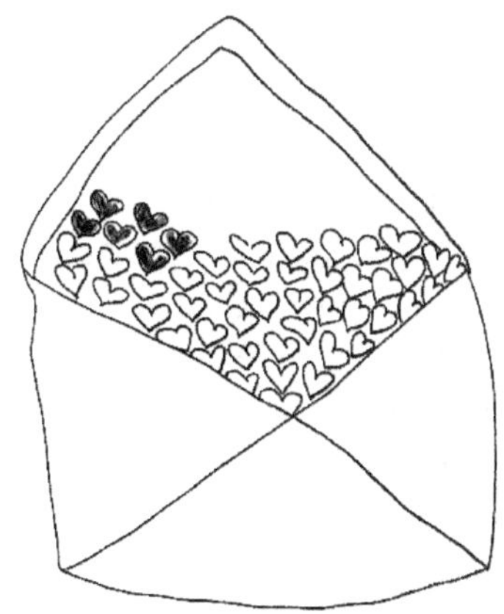

Y te digo

Para construir el futuro, se necesita una base. La única persona que sabe de qué material está hecha eres tú. Cuando éramos chicos, teníamos miedo a los fantasmas; por eso, mirábamos debajo de la cama. Ese miedo no era en sí a lo que pudiera aparecer, sino a nuestra idea sobre eso. A veces, es nuestra visión de algo lo que nos impide hacerlo. Los miedos, la soledad. Ese nudo en la boca del estómago es momentáneo, si así lo prefieres. Junta tus trozos, con gritos y silencios. Con ansias y carcajadas. Con noches sin dormir y náuseas. Créeme que va a ser un proceso lleno de fallas, pero vas a encontrar piezas que no sabías que necesitabas y otras que estaban de más en tu cuerpo e impedían que otra reemplazara su lugar.

Fui mía cuando le quité la piel a la piel,
la llené de pintura
y exclamé a mis pájaros que podían elevarse de mi pecho.

Si el dolor es destrucción, somos la misma bomba al punto de explosión, pero, a su vez, somos aquellos que sabemos cómo apagar el contador. Deja de explicar el porqué de tus acciones. Desenreda la censura que se adhiere a tus decisiones. Rompe con las inhibiciones. Que la fortaleza se cuelgue de tu cintura, se asiente en tus curvaturas. Llena ese agujero negro con amor, perdón, comprensión. Solo así, entenderás que el amor propio es la salvación de la sentencia.
No dejes que otro, con su respuesta de amor, te quite tu libertad más pura: expresarte. Nadie merece noches sin dormir pensando qué le falta. La gente se va y no vuelve, otras lo

hacen y nada es igual. Es el flujo de la vida; el ir y venir; el
venir yéndose; el ir volviendo.

Si no haces las paces contigo
serás un búnker de monstruos,
resguardados,
atentos a que dejes de explotar certezas para germinar dudas.

Voy a ser directa, no conozco otra forma
de desangrarme y de hacer de mi sangre corriente
que no sea limpiar tu nombre sobre la cicatriz.

Conozco que lo más sano es cambiar de carril para evitar el
choque.

Vive, sueña, florece,
sé tu propia ancla,
déjate llevar y cree,
cree cuando nadie sea capaz de hacerlo.

Cree en tu piel, en tu descubierto.

Cree hasta que tu soledad no le tema al desnudo,
que,
si alguien no responde, entiende que la boca tiene la curva del
mar.

Cuídate.

El corazón tiene olfato,
pero la cabeza no.

El silencio está esperando tus manos.

Nota de la autora

He pasado tanto tiempo esperando terminarlo que, cuando lo he hecho, me di cuenta de que tenía muchos principios por realizar. Lo escribí hace mucho, pero la vida se esfuerza constantemente en que la cantidad no sirva en una realidad llena de texturas. Este libro ha sido escrito con espacios de por medio y una necesidad de tocar mis sentimientos y los que veía en mi día a día; me he disgustado en la soledad misma y, también, al reconocerla en alguien más; en ver cómo la única posibilidad de abrir el entender pasaba justo por donde nadie quería entrar. Lo que quiero decir es que incluso la soledad no está sola, porque vive en todos. Y, si ella forma parte de ti como si se tratara de cambiarse de ropa, es que hay dolores que están esperando tu versión, esa que te saque de lo que te tiene con esa sensación de estar sin ti. Espero que haya pedazos de mí en ti, pero, sobre todo, espero haberte acompañado en verte aquí, a ti mismo, en caso de que lo hayas hecho. Gracias por leerme y, por último, que no tener noción de algo no te haga sacar las ganas de experimentarlo.

Acerca de la autora

Soy estudiante de Licenciatura en Letras. Me gustan los libros desde chica, comer chocolate en los días de lluvia, e imaginar historias cuando no estoy estudiando. Amo la menta granizada y el chocolate. Disfruto la música y me gusta dibujar cuando las palabras no me alcanzan.

www.ingramcontent.com/pod-product-compliance
Lightning Source LLC
Chambersburg PA
CBHW071423150726
48000CB00001B/458